I0751697

LES AMOVRS DE CALOTIN.

COMEDIE.

Repreſentée ſur le Theatre Royal du Marais.

A PARIS,
Chez THOMAS IOLLY, dans la petite Salle des [illegible]rciers, aux Armes d'Hollande, & à la Palme,

M. DC. LXIV.
[illegible]EC PRIVILEGE DV ROY.

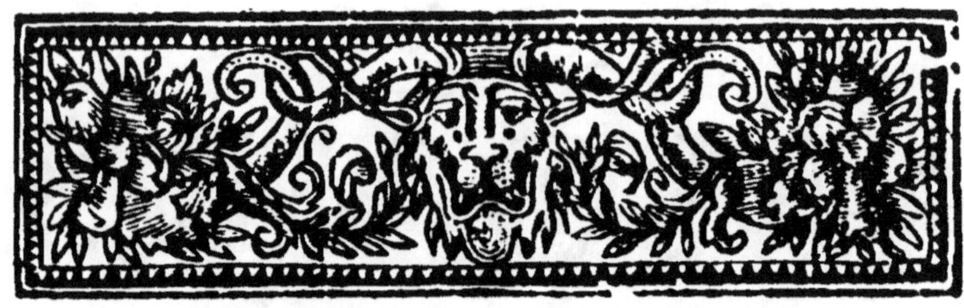

A TRES-HAVT
ET PVISSANT PRINCE
CHRISTIAN LOVIS,

PAR LA GRACE DE DIEV,
DVC DE MEKELBOVRG,
Prince du S. Empire, des Wandales, de Schwerin & de Ratzbourg, Comte de Suerin, Seigneur de Rostock, de Stargard, &c. Cheualier des deux Ordres du Roy.

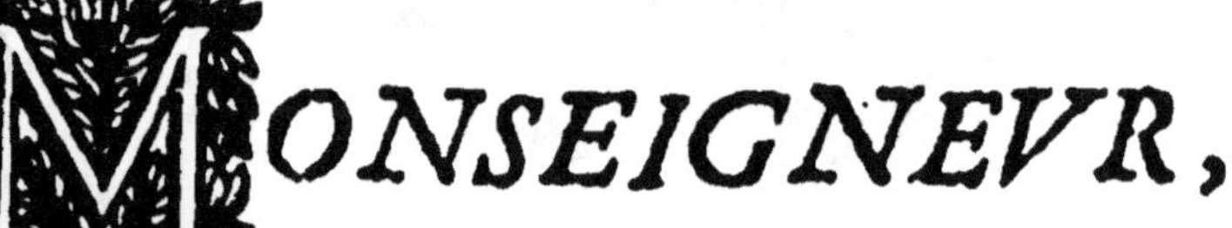

MONSEIGNEVR,

Je n'aurois iamais osé prendre la liberté de dédier

vne bagatelle à l'vn des plus grands Princes de l'Europe, si ie n'auois esté certain de deux choses; L'vne, qu'elle a eu le bonheur de ne vous auoir pas tout à fait déplû; & l'autre, que V. A. a tant de bonté, que i'ose esperer qu'elle en daignera excuser les deffauts, puis qu'elle m'a témoigné qu'elle y auoit pris quelque sorte de plaisir : Cependant, MONSEIGNEVR, *quoy que ie me flatte de cette esperance, ie ne laisse pas de trembler en vous l'offrant, tant ie crains de vous déplaire en cette entreprise : Mais si V. A. daigne considerer que ce n'est que pour luy prouuer la grandeur de mon zele, Elle acceptera facilement ce petit* CALOTIN *que ie luy presente ; & si elle l'agrée de la galante maniere dont elle sçait faire toutes choses, il pourra se vanter d'estre fort bien receu, & d'auoir pour Maistre le plus acheué de tous les Hommes. Iugez,* MONSEIGNEVR, *combien i'auray de graces à vous rendre, moy qui en suis le Pere, si vous daignez l'ho-*

norer de quelques regards fauorables : Mais où va mon audace, d'oser esperer de telles faueurs ? Non, non, MONSEIGNEVR, ce seroit prophaner des regards si précieux, que de les attacher sur vn si foible sujet que celuy de CALOTIN, puis qu'il semble qu'ils ne doiuent estre fixez que sur des objets qui vous soient comparables ; De sorte, MONSEIGNEVR, qu'estant indigne de receuoir vne telle grace, il se tiendra trop fauorisé, pourueu qu'il ait l'honneur d'aller jusqu'à V. A.

Pour moy ie ſuis dans vn tel rauiſſement quand ie ſonge à la gloire qu'il receura de ſe voir aupres d'vn ſi grand Prince, que ie ne puis m'empeſcher de dire pour luy,

CALOTIN, que tu vas eſtre aiſe
D'aprocher d'vn ſi grand Seigneur,
Puis qu'on ne voit en ſa grandeur,
Rien qui ne charme & qui ne plaiſe!

Tu verras vn Homme admirable,
Vn Homme à qui tous les Mortels
Dreſſent en leurs cœurs des Autels,
Pour montrer qu'il eſt adorable.

Ces Actions ſont ſans pareilles;
Et pour mieux dire ce qu'il vaut,
C'eſt que s'il a quelque defaut,
C'eſt de faire en tout des merueilles.

Il a l'Ame toute Royale,
Le Cœur digne d'estre vanté;
Et pour sa generosité,
Il ne s'en voit point qui l'égale.

Il a la mine si guerriere,
Vn si majestuex aspect,
Qu'il sçait mettre dans le respect
L'ame du monde la plus fiere.

Son merite ne se peut taire,
Non plus que son sublime esprit,
Il rauit en tout ce qu'il dit,
Autant qu'en tout ce qu'il sçait faire.

Il est d'vne telle Naissance,
D'vn si digne & si noble Sang,
Que le Roy luy donne le rang
De Prince Souuerain en France.

Ce sont asseurement des marques
Qui font assez voir ce qu'il est,
Et qui nous mõtrent bien qu'il plaist
Au plus grãd de tous les Monarques.

Aussi le voir & le connoistre,
Fait toute nostre passion,
Puis que c'est la perfection
Que l'on voit, le voyant paroistre.

Pour exalter tant de miracles
Qui surprennent tout l'Vniuers,
Ie souhaitterois que mes Vers
Fussent des Dieux ou des Oracles.

Mais ne se pouuant, Muse, cesse
D'employer icy tes efforts,
Ce Prince a des charmes trop forts,
Et tu n'as que de la foiblesse.

Va, va, contente-toy. ma Muse,
De ce que ton heureux Destin,
Te fait luy donner CALOTIN,
Peut-estre il fera ton excuse.

Enfin, MONSEIGNEVR, c'est vne des graces que i'ose esperer de Vous, que d'estre excusé, jointe à celle de me permettre de me dire auec toute la soûmission possible,

MONSEIGNEVR,

De Vostre Altesse.

Le tres-humble, tres-obeïssant, & tres-fidelle Seruiteur,
CHEVALIER.

Extrait du Priuilege du Roy.

PAr Grace & Priuilege du Roy, Donné à Paris le 30. Ianvier 1664. Signé, Par le Roy en son Conseil, BOVCHARD. Il est permis à Charles de Sercy, Marchand Libraire à Paris, d'imprimer, faire imprimer, vendre & debiter vne Piece de Theatre, intitulée *Les Amours de Calotin, Comedie*, pendant le temps & espace de cinq années, à commencer du iour que ladite Piece sera acheuée d'imprimer pour la premiere fois : Et defenses sont faites à toutes personnes de quelque qualité & condition qu'elles soient, d'imprimer, faire imprimer, vendre & debiter ladite Piece, sans le consentement de l'Exposant, ou de ceux qui auront droict de luy, à peine de trois mille liures d'amende, & de tous despens, dommages & interests, ainsi que plus au long il est porté audit Priuilege.

Et ledit Charles de Sercy, a associé audit Priuilege Thomas Iolly, Guillaume de Luynes, Iean Guignard, Estienne Loyson, Gabriel Quinet, Pierre Bienfait, & Pierre Traboüillet, pour en ioüir, suiuant l'accord fait entr'eux.

Registré sur le Liure de la Communauté, suiuant l'Arrest de la Cour. Signé, E. MARTIN, Syndic.

Acheué d'imprimer pour la premiere fois, le 7. Feurier 1664.

Les Exemplaires ont esté fournis.

ACTEURS.

LE MARQUIS.
LE BARON.
LE CHEVALIER.
LE COMTE.
LE BARON DE LA CRASSE.
LE MARQUIS DE MASCARILLE.
MONSIEUR DE LA SOUCHE.
LA COMTESSE DE BEAULIEU & SA FILLE.
LE PORTIER.
Deux Laquais dans les Loges.
Le Moucheur de Chandelle.

POLICARPE, Pere de Iulie.
BONIFACE, Pere de Climene.
GORGIBUS, Pere de Tersandre.
TERSANDRE, Amoureux de Climene.
CLARIMOND, Amoureux de Iulie.
CLIMENE, trauestie en Laquais.
ROSETTE sa Suiuante, en Page.
IULIE, Fille de Policarpe.
LISETTE & BEATRIX, Suiuante de Iulie.
GUILLOT, Valet de Tersandre & Amant de Lisette.
RAGOTIN, Valet de Clarimond, & Amant de Beatrix.

La Scene est à Paris.

LES AMOVRS DE CALOTIN, *COMEDIE.*

ACTE I.

SCENE PREMIERE.

LE MARQVIS, LE BARON.

LE MARQVIS.

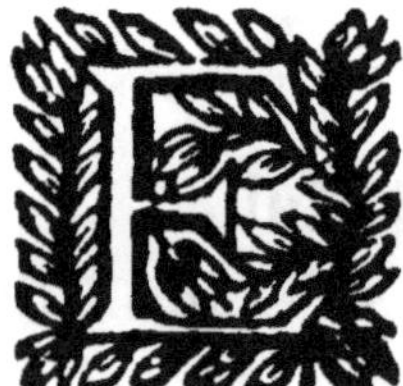

ENFIN me voicy donc dans l'Hostel du Marais,
Et dessus vn Theatre où ie ne viens iamais.

LE BARON.

Et moy, mon cher Marquis, icy ie te declare,
Que le Palais Royal me deuient aussi rare;

Nul n'y sçauroit aller, sans se faire draper:
Ah! qu'heureux est celuy qui s'en peut échaper!
Pour moy, qui n'aime pas à souffrir qu'on me drape,
Ie veux estre berné, si plus on m'y ratrape.

LE MARQVIS.

Pourquoy donc? qui te peux causer vn tel couroux?

LE BARON.

Pourquoy? c'est qu'on nous fait tous passer pour des
fous.
Comte, Duc, & Baron, & Marquis, & Marquise,
Ne peuuent s'exempter qu'on ne les timpanise.
Nous n'oserions parler, ny desserrer les dents,
Qu'on ne nous traitte pis que des extrauagans.
Dés que par nostre bouche il passe vn mot folâtre,
Nous nous voyons d'abord joüer sur le Theatre.
Comment? quand nous serions seurement insensez,
Nous ne pourrions jamais estre mieux redressez.

LE MARQVIS.

Mais dequoy te plains-tu?

LE BARON.

D'vn diable de Moliere,
Dont l'esprit goguenard ne laisse rien derriere,
Et reüssit si bien dedans tout ce qu'il fait,
Qu'il sçait donner à tous chacun son petit fait.
Nous sommes tous Cocus, si nous l'en voulõs croire;
Appellez-vous cela des Vers à nostre gloire?

Mais s'il m'ẽ croit, Marquis, loin de nous railler tous,
Il se taira, s'il veut éviter mon couroux.
Quoy, si nous nous souffrons traitter de ces manieres,
Nous aurons de sa part bien-tost les étriuieres.

LE MARQVIS.

Tu te mocques, Baron, sçaches que cet Esprit
Ne cherche qu'à nous plaire en tout ce qu'il écrit;
Et que tu passeras, si l'on te voy credule
Iusqu'à t'en offenser, pour Homme ridicule;
Comme il est approuué de tous les gens d'honneur,
Ton approbation doit se joindre à la leur.

LE BARON.

Moy, ie l'approuuerois ? qu'vn sort le plus étrange
M accable, si plutost de luy ie ne me venge.

LE MARQVIS.

Mais dis-moy donc comment tu pretens te venger.

LE BARON.

En n'allant plus chez luy, pour le faire enrager.
Lors que ie n'iray plus, qu'est-ce qu'il pourra dire
De moy?

LE MARQVIS.

C'est le moyen d'attirer sa satyre;
Et s'il vient à sçauoir le dessein que tu fais,
Tu te feras joüer plus qu'on ne fut iamais.
Euite, si tu peux, d'en faire la folie,
Si tu ne veux sur toy voir vne Comedie:
Ie suis certain qu'apres tu t'en repentirois.

LE BARON.

Sur moy, s'il l'auoit fait, ie le fustigerois.

LE MARQVIS.

Quelqu'autre la feroit.

LE BARON.

Poisson aussi s'amuse
A s'ébaudir l'esprit par fois auec sa Muse,
A ce que i'ay pû voir, & loin de nous priser,
Il se mesle á son tour de nous satyriser:
Mais qu'il sçache sur moy si quelque chose il trace,
Qu'il n'aura pas affaire au Baron de la Crasse,
Puis que ie l'en ferois diablement repentir.

LE MARQVIS.

Ce qu'ils en font, n'est rien que pour nous diuertir;
Tu t'emportes à tort.

LE BARON.

Vous aimez la methode
De vous souffrir railler toûjours sur chaque mode;
Qu'vn Moliere sans cesse en vos habillemens
Vous fasse les objets de tous ces bernemens;
Et que quand nous auons quelques modes jolies,
Il les fasse passer toutes pour des folies.
Oüy, vous aimez cela, car pour vous voir berner,
Vous n'auez pas assez d'argent pour luy donner.

Quand ie vous dis, allons à l'Hostel de Bourgogne,
Vous receuez ces mots ainsi qu'vne vergogne.
Et me dites d'abord ; moy rarement ie vais
A l'Hostel de Bourgogne, à l'Hostel du Marais,
Ma satisfaction n'est iamais plus entiere,
Qu'alors que ie me voy chez l'illustre Moliere.

LE MARQVIS.

Des diuertissemens c'est aussi le seul but.

LE BARON.

Hors Moliere, pour vous il n'est point de salut,
Tous les autres Autheurs vous sont insuportables,
Les Corneilles aupres sont Autheurs detestables,
Ce qu'ils mettent au jour est par trop serieux,
Et bien loin de vous plaire, ils vous sont ennuyeux.
Peut-on voir, dites-vous, vne Piece parfaite,
Comme celle où l'on voit Alain auec Georgette?
Mais raisonnant ainsi, Messeigneurs les Benests,
C'est passer pour autant d'Alains & de Georgets.

LE MARQVIS.

Mais, Baron, tu te vas ériger en folâtre,
Si l'on te voit blâmer ce foudre de Theatre,
Cet Autheur si fertile en Ounrages puissans,
Qu'on le nomme en tous lieux la merueille du temps;
Et pour te faire voir sa valeur infinie,
Il tire quatre parts dedans sa Compagnie:
Enfin c'est vn Esprit au dessus de l'humain.

LE BARON.

Ie sçay qu'il fait venir l'eau dedans le Moulin,

Et mesme que sans craindre estre au rãg des prophanes
Il vous y fait passer joliment pour des Asnes.
Dieu me damne, Marquis, ce celebre Garçon,
Sçait dauber le prochain du la bonne façon.

LE MARQVIS.

Ton obstination, cher Baron, est extréme.
Sçais-tu que la Satyre est la cause qu'on l'aime?
Comme il sçait étaler nos defauts à nos yeux,
Nous pouuons, les voyant, nous en corriger mieux.
Ainsi quand ce Sçauant prononce vne parole,
Ce doit estre pour nous vne éternelle école.

LE BARON.

Ce grand Maistre d'Ecole a beaucoup d'Ecoliers
Dont il sçait, les raillant, attraper les deniers;
Et tandis que le monde est sa dupe & sa buse,
En luy-mesme il se dit, prens les, ie les amuse.
Pour moy, ie vous promets qu'il ne m'y prendra pas;
Si l'on m'y peut trouuer, qu'on m'y casse les bras.

LE MARQVIS.

Pour moy, ie suis rauy lors que ie voy paroistre
Vn Esprit qui s'efforce à se faire connoistre:
S'il nous raille, il nous sçait railler si galamment,
Que ce nous est à tous vn diuertissement.
Mais ie suis seur qu'à tort on se le persuade,
Que cette vision vient d'vn Esprit malade,
Et que iamais Moliere en traittant son sujet,
Ne fit dessein d'auoir la Cour pour son objet;
Et tant que ie pourray ie verray ce grand Homme.

LE BARON.

Moy, ſi ie le vais voir, ie veux bien qu'on m'aſſomme
Vous aimez qu'õ vous berne en dõnant voſtre argent,
Et moy ie n'aime pas que l'on m'en faſſe autant.

LE MARQVIS.

Baron, ſur ce ſujet n'ayons point de querelle;
Mais ie crains qu'on ne voye vne Piece nouuelle
Sur ta façon d'agir, ſi l'on la peut ſçauoir.

LE BARON.

Et moy, ie ne crains pas en ce lieu de la voir;
Et s'il faut par hazard que quelqu'Autheur la faſſe,
Elle ne ſera pas expoſée à ma face,
Puis que ſi nous n'allõs, vous, ny moy, qu'en ces lieux,
Nous ne nous verrons point faquiner à nos yeux.
La Comedie icy me paroiſt auſſi bonne,
Ils la font auſſi bien, & ne raillent perſonne;
Si bien qu'on la peut voir ſans ſe mortifier.

LE MARQVIS.

On m'a parlé pourtant d'vn certain Cheualier,
Qui par fois dans ſes Vers ....

LE BARON.

Il ſe meſle d'écrire,
Mais on ne le voit point meſler de la Satyre;
Il ne drape perſonne en tout ce qu'il écrit.

LE MARQVIS.

C'eſt donc aſſeurément qu'il n'en a pas l'eſprit;

Car ſois certain, Baron, que s'il le pouuoit faire,
Il le feroit, ſçachant que c'eſt ce qui ſçait plaire.

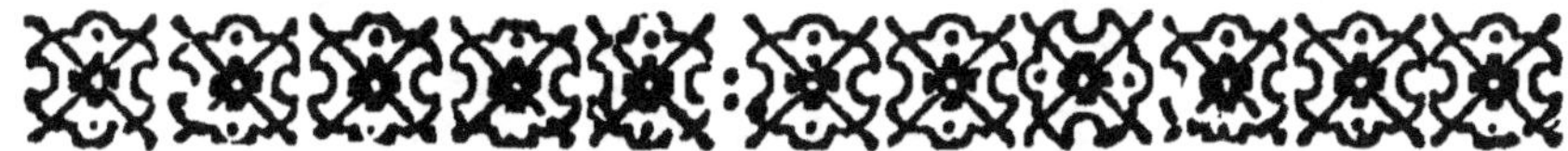

SCENE II.

LE MARQVIS, LE BARON, LE CHEVALIER, LE PORTIER.

LE CHEVALIER.

VNe Chaiſe l'Amy, commence-t'on bien-toſt?

LE PORTIER.

Sans Chaiſe vous pouuez vous placer cõme il faut;
Vous auez là des Bans où l'on eſt à ſon aiſe.

LE CHEVALIER.

Et moy ie n'en veux point, qu'on me dõne vne Chaiſe.

LE PORTIER.

L'on y va : De l'argent, Monſieur, car ie m'en vais.

LE CHEVALIER.

Tu te railles, mon Cher, ie ne paye iamais;
Apprens à me connoiſtre.

LE PORTIER.

Hé bien, auant qu'on sorte,
Si vous ne me payez, que le Diable m'emporte.

LE CHEVALIER,

Ah! Marquis, te voila.

LE MARQVIS.

C'est donc toy, Cheualier;
Et que faisois-tu là?

LE CHEVALIER.

Ce faquin de Portier
Qui se met en couroux, qui tempeste, & qui peste,
De ce que i'ay voulu sur l'heure auoir mon reste:
Hé n'est-ce pas assez lors que l'on paye bien?

LE MARQVIS.

Rend-on le reste icy lors qu'on ne donne rien?

LE CHEVALIER.

Quoy, rien! il est content.

LE BARON.

Ie croy qu'il le peut estre,
Si c'est payer, que dire, *Apprens à me connestre.*

LE CHEVALIER,

Ah ! c'est toy, cher Baron, hé qui te croyoit là?

LE BARON.

Moy, ie m'y croy sans doute, & puis que m'y voila;
Bon jour.

LE MARQVIS *au Cheualier.*

Que fis-tu hyer?

LE CHEVALIER.

Sombre & melancolique,
Pour me déchagriner, ie fus voir la Critique,
Où ie trouuay moyen de chasser mon ennuy.
Ce diable de Moliere entraisne tout chez luy,
Tout y creuoit de peuple, & fort peu ie t'assure
Se pûrent exempter des traits de sa censure;
Il critiqua tous ceux qui l'auoient critiqué,
Et se moqua de qui de luy s'estoit moqué.
Ceux qui s'estoient raillé de l'Ecole des Femmes,
Se voyoient là chanter fort joliment leurs games.
Quelqu'vn de l'assemblée en paroissoit content,
Mais bien d'autres aussi rioient en enrageant;
Et tel croyoit tout haut que c'estoit des merueilles,
Qui s'entendoit dauber de façons sans pareilles.
Moy qui n'en auois dit iamais ny bien, ny mal,
I'enuisageois cela d'vn plaisir sans égal,
Voyant que les objets d'vne telle Satyre
Ne sçauoient s'ils deuoient ou se fascher, ou rire.

Ce quii plus me charma, c'est qu'en ces entretiens
Il berna les Autheurs, & les Comediens,
Et ie les voyois là faire fort bon visage,
Quoy qu'au fõd de leur ame ils fussentpleins de rage
Admirez cependant comme quoy cet Esprit
Sçait nous amadoüer alors qu'il nous aigrit:
Pour nous montrer combien son adresse est extréme,
C'est qu'en son personnage il se berna luy-méme,
Afin que si quelqu'vn s'en estoit mutiné,
On vit que le berneur luy-mesme estoit berné;
De sorte que chacun voyant son industrie,
Tourna, quoy que fasché, tout en galanterie,
Et demeura d'accord, que pour plaire aujourd'huy,
Il faut estre Moliere, ou faire comme luy.

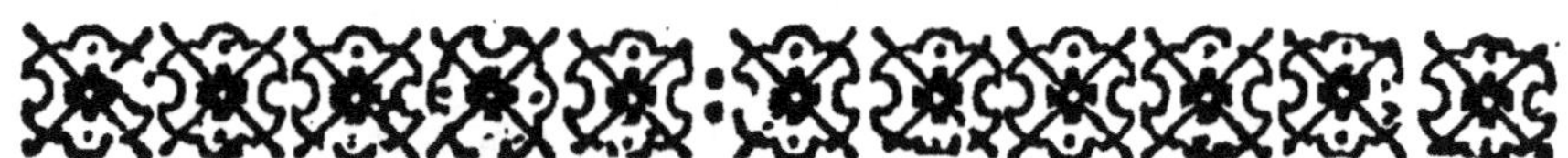

SCENE III.

LE MARQVIS, LE BARON, LE CHEVALIER, LE COMTE.

LE MARQVIS.

AH! Comte, ie te vois.

LE COMTE.

Icy ie me transporte
Pour te voir, ayant veu ta Caleche à la porte;
Si bien que ie pourray, contentant mon desir,
Du diuertissement prendre encor le plaisir.

Mais auant qu'on commence icy la Comedie,
Il faut que ie te conte vne Histoire jolie,
Dont Moliere a causé la conuersation,
Et digne asseurément de ton attention.
Dernierement estant à la Contrecritique,
Ie receus là, Marquis, vn plaisir angelique.
Comme de nostre Peintre on faisoit le Portrait,
Et que l'on le croyoit tirer là trait pour trait,
Tu sçauras que luy-mesme en cette conjoncture
Estoit present alors que l'on fit sa peinture;
De sorte que ce fut vn charme sans égal,
De voir & la copie, & son original.
On prit par tous endroits son Ecole des Femmes,
Ou pour la critiquer, quelqu'vnes de ces Dames
Alla dans ce moment appliquer tout son choix
A l'endroit de la Soupe où l'on trempe les doigts;
Puis de là ces Messieurs, d'vne satyre extréme,
Donnerent en suiuant dans la Tarte à la créme;
Et le plus enjoüé qu'ils draperent apres,
Ce fut celuy du *Le*, ce charmant *Le* d'Agnés.
Quoy, n'est-ce pas malice à nulle autre seconde,
D'oser blâmer ce *Le*, ce delice du monde?
Ce n'est pas encor tout, ils blâmerent l'Autheur
Des Puces dont il a réueillé l'auditeur,
Et de cette façon dont Alain & Georgette
S'appellent l'vn & l'autre, & que drapa le Poëte.
Ce qui fut plus plaisant, c'est qu'vn certain d'entr'eux
Dit que la Piece estoit vn Poëme serieux;
Que bien loin que ce fut vne Piece Comique,
Qu'il ne s'en pouuoit voir aucune plus tragique.
Les autres de ce poinct ne restant pas d'accord,
Il leur dit là-dessus, *Le petit Chat est mort*,
Et soustient hautement que c'estoit Tragedie,
Puis que le petit Chat auoit perdu la vie.

Ayant de nostre Peintre attaqué la vertu,
Quelqu'vn luy demanda ; Moliere, qu'en dis-tu?
Luy répondit d'abord, de son ton agreable,
Admirable, morbleu, du dernier admirable;
Et ie me trouue là tellement bien tiré,
Qu'auant qu'il soit huit jours certes i'y répondray.

LE BARON.

Mais l'on m'a dit à moy, qu'il fit à quelques Dames
La réponse qu'il fait à l'Ecole des Femmes,
Lors qu'il n'en rioit pas assez à leur auis,
Il leur dit ; Moy, i'en ris tout autant que ie puis.

LE COMTE.

Tu sçauras que depuis cet illustre Moliere
Les a tous ajustez de la bonne maniere,
Et cet Esprit en soy qui n'a rien que de haut,
A sceu tailler beaucoup de besogne à Boursaut.

LE CHEVALIER.

Moy, ie sçay bien où tend toute cette Satyre,
Ces Messieurs n'ont dessein que de nous faire rire,
Et quand vous les voyez se faire à qui pis pis,
Ce n'est que pour auoir nostre demy Loüis.

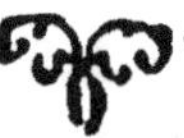

SCENE IV.

LE MARQVIS, LE COMTE, LE CHEVALIER, LE BARON.

LE PORTIER *au Comte.*

MOnsieur. vn Gentilhomme est là qui vous demande.

LE COMTE.

Marquis, pour luy parler, il faut que ie descende:
Si ie ne pouuois pas reuenir en ce lieu,
Ie prens congé de toy jusqu'à ce soir.

LE MARQVIS.

Adieu.

LE BARON.

Puis que quād il vous jouë, il fait tant de merueilles,
Sans doute il vous plairoit, vous coupant les oreilles.
Ah! pauures abusez.

LE CHEVALIER.

Quoy, ne fait-il pas bien?

LE MARQVIS.

Dessus cet obstiné tu ne gagneras rien;
Car en tout & par tout Moliere il desaprouue,
Et perira plustost, que chez luy l'on le trouue.

LE CHEVALIER.

D'où vient que tu te veux ce plaisir dérober?

LE BARON.

C'est que ie n'aime pas à m'entendre dauber.
Entendez-vous, Messieurs, finissons ce langage.

LE CHEVALIER.

Nous n'en parlerons pas, cher Baron, dauantage;
Suffit que nous sçachions que cela te déplaist.
La Piece d'aujourd'huy sçais-tu point quelle elle est,
Et quel en est l'Autheur?

LE BARON.

Cheualier.

LE CHEVALIER.

Sans scandale,
Ie croy que cet Autheur est vn Autheur de bale.

LE BARON.

Si ton opinion te le fait croire ainsi,
Dis-moy, que pretens-tu venir chercher icy?

LE CHEVALIER.

Ayant veu dans l'Affiche vne Piece nouuelle,
Ie viens voir ce que c'est.

LE BARON.

Elle peut estre belle,
Et nous bien diuertir.

LE MARQVIS.

Ie n'en croy rien, ma foy;

LE CHEVALIER.

Pour vne Comedie, hors Moliere, croy moy ...

LE BARON.

Voila de nos Messieurs dont l'ame preuenuë
Blâme vne Comedie auant que l'auoir veuë:
Si d'vne de Moliere on vous donnoit l'espoir,
Vous la croiriez fort belle, auant que de la voir.

LE MARQVIS.

On le peut, ayant veu de luy des coups de Maistre.

LE BARON.

Mais ne blâmez donc rien sans l'auoir veu paraistre.
Cet Autheur n'a-t'il pas vn esprit comme luy?
Et ne vous peut-il pas faire voir aujourd'huy,

Quand sans sujet sur luy vostre blâme se porte,
Que vous estes des fous de parler de la sorte?

LE MARQVIS.

Comme il n'a pas encor de reputation,
Ne peut-on pas errer dedans l'opinion?

LE BARON.

N'allez donc pas si viste où vostre sens abonde.

LE CHEVALIER.

Mais ie croy qu'ils auront aujourd'huy quelque monde,
Voyant que l'on se fait plusieurs places garder.

LE MARQVIS.

Mais pour qui pouroit-ce estre?

LE BARON.

Il le faut demander.
Lacquais, dis-nous pour qui tu gardes cette place?

LE LAQVAIS.

Messieurs, c'est pour Monsieur le Baron de la Crasse.

LE CHEVALIER.

Quoy, celuy qui se sceut si bien tondre à la Cour?

LE LAQVAIS.

Luy-mesme,

LE MARQVIS.

Cheualier, nous rirons en ce jour.
Et celle-là pour qui?

VN AVTRE LAQVAIS.

Pour Monsieur de la Souche.

LE BARON.

Pour rire tout ton sou, prepare-toy ma bouche.
Et ces deux autres là ? Nous allons voir beau jeu.

L'AVTRE LAQVAIS.

C'est pour Madame la Comtesse de Beaulieu,
Et puis pour Monsieur le Marquis de Masquarille,
Qu'il amene en ces lieux à cause de sa Fille.

SCENE V.

Les Gens des Loges arriuent. LE BARON DE LA CRASSE, LE MARQVIS DE MASCARILLE, M. DE LA SOVCHE, LA COMTESSE DE BEAVLIEV, & SA FILLE.

LE BARON DE LA CRASSE.

Villeneufue, quelqu'vn?

LE MARQVIS DE MASCARILLE.

Hola l'amy Clement?
Ouure-nous nostre Loge.

CLEMENT.

Oüy, tout presentement.

LE BARON DE LA CRASSE.

Dis-moy, la Comedie est-elle commencée?

CLEMENT.

Non pas encor, Monsieur.

LE MARQVIS DE MASCARILLE.

Vous vous estes pressée,
Madame, de venir ; mais quoy, nous y voicy.

LA COMTESSE.

Si l'on nous fait languir, que ferons-nous icy?
Iustes Dieux ! quel chagrin?

LE BARON DE LA CRASSE.

Cessez d'estre alarmées,
Les chandelles déja sont toutes allumées,
Et l'on va commencer dans vn petit moment.

LE PREMIER BARON.

Nous vous attendions tous fort impatiemment,
Madame la Comtesse.

LE CHEVALIER.

Ah ! Baron de la Crasse.

LE PREMIER BARON.

Marquis de Mascarille, il faut que ie t'embrasse.

LE CHEVALIER.

Mais qui te croyoit voir en ce lieu de retour?
Apres tous les sermens qu'on te vis faire vn jour,
Qu'on ne te reuerroit à la Cour de ta vie?

LE BARON DE LA CRASSE.

Ie ne viens en ces lieux que pour la Comedie;
Pour la Cour, Seruiteur.

LE MARQVIS.

Mais ie suis étonné
Que Moliere chez luy ne t'ait pas entraisné,
Ou bien que tu ne sois à l'Hostel de Bourgogne.

LE MARQVIS DE MASCARILLE.

Moliere drape trop.

LE PREMIER BARON.

Il donne sur la trogne:

LE BARON DE LA CRASSE.

Poisson m'ayant joüé comme il le fit vn jour,
On me verra chez eux aussi peu qu'à la Cour,
Et le Marais tout seul est mon Lieu de plaisance.

LE MOVCHEVR DE CHANDELLE.

Ioüez viste, Messieurs, afin que l'on commence.

Fin du premier Acte.

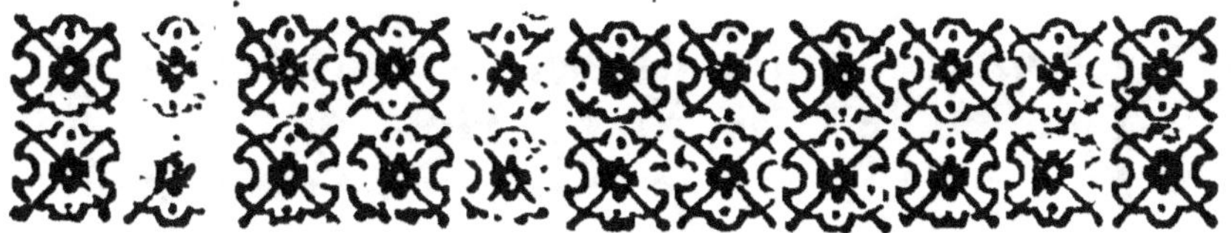

ACTE II.

SCENE PREMIERE.

CLIMENE en Laquais,
ROSETTE en Page.

LE BARON DE LA CRASSE *les apperceuant dedans les Loges.*

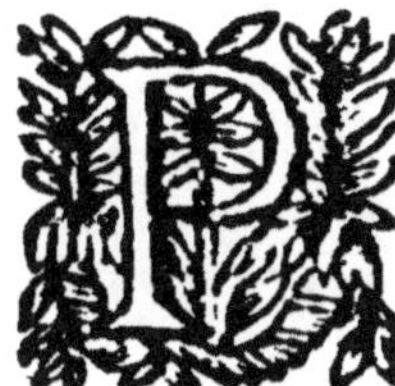

AGE, commence-t'on bien-tost la Comedie?

ROSETTE *en Page.*

Nous l'allons commencer.

LE MARQVIS DE MASCARILLE.

La plaisante saillie!
Ie crois que nous allons estre bien satisfaits.
Ecoutons, s'il vous plaist, ce Page, & ce Laquais.

ROSETTE *en Page.*

Ie veux que l'on me tonde en Baron de la Crasse,
Si dessous cet habit vous n'auez bonne grace.

LE BARON DE LA CRASSE.

Comment, à nous dauber on commence déja?
Ouureur de Loge, à moy? Hola, quelqu'vn, hola?
Si ie demeure icy, ie veux bien qu'on m'étrille.

CLIMENE *en Laquais.*

Je m'imagine oüir Monsieur de Mascarille,
Alors que dans sa Chaise il faisoit tant de bruit.

LE MARQVIS DE MASCARILLE.

Comment diable, en tous lieux la Satyre nous suit;
Nous n'osõs nous mõtrer, ny méme ouurir labouche.

ROSETTE *en Page.*

Ils caquettent autant que Monsieur de la Souche.

MONSIEVR DE LA SOVCHE.

Quoy donc, à nostre barbe on nous maltraite ainsi?
Ouure-nous promptement, que nous sortions d'icy.

L'OVVREVR DE LOGES.

Ie suis à vous, Messieurs.

LE BARON DE LA CRASSE.

Peste soit la canaille,
Autheurs, Comediens, sont des vrais rien qui vaille.
Apres qu'ils sont tous sortis.

CLIMENE *en Laquais.*

Tout est calme, voyons si nous commencerons.

ROSETTE *en Page.*

Ce sont là que ie crois quelqu'vns de nos Barons,
De ces foux que l'on voit qui haïssent Moliere,
Et ne le peuuent voir en aucune maniere.

LE CHEVALIER *au Baron.*

Qu'en dis-tu, cher Baron? cela s'adresse à toy.

LE BARON.

Ce que i'en dis, ie dis que ie m'en vais, ma foy.

LE MARQVIS.

Demeure.

LE BARON *s'en allant.*

Demeurez, qu'on vous y chante poüille;
Moy, si i'y reste plus, ie veux qu'on m'y dépoüille.

LE MARQVIS:

Il faut estre bien fou, pour s'en aller ainsi.

LE CHEVALIER.

Ma foy ie suis d'auis de m'en aller aussi.

LE MARQVIS.

Pour éloigner de nous l'humeur melancolique,
Allons voir l'Impromptu, ou la Contrecritique.

SCENE

SCENE II.

CLIMENE en Laquais, ſous le nom de CALOTIN, & ROSETTE en Page.

CLIMENE.

ROſette, nous auons trouué l'inuention
De ſortir à la fin de la Religion.

ROSETTE.

Mais, Climene, ſçachez que c'eſt bien entreprendre,
Que d'auoir fait ce tour, pour aller voir Terſandre,
Et qu'on vous blâmera ſeurement ſur ce poinct.

CLIMENE.

Alors qu'on aime bien, qu'eſt-ce qu'on ne fait point?

ROSETTE.

Mais qu'eſt-il de beſoin d'eſtre en cet équipage?
Vous veſtuë en Laquais, & moy veſtuë en Page?

CLIMENE.

Comme Terſandre m'aime, & que ie l'aime auſſi,
I'ay voulu, pour le voir, nous traueſtir ainſi,
Afin qu'en ſon logis, où nous allons paroiſtre,
Luy, ny qui que ce ſoit, ne nous puiſſe connoiſtre;

Car mon Pere ſçachant quelle eſt ma paſſion,
Et ne nous trouuant plus dans la Religion,
Viẽdra, ſans cõſulter, nous chercher chez Terſandre,
Croyant nous y trouuer, afin de nous y prendre:
Mais ne nous y voyant qu'en ce déguiſement,
Il ne nous connoiſtra iamais aſſeurément.

ROSETTE.

Quel eſt voſtre deſſein par cette bruſquerie?

CLIMENE.

D'empeſcher, s'il ſe peut, qu'vn Pere le marie;
Et comme il le pretend marier malgré luy,
Pour détourner ce coup, ie m'employe aujourd'huy.

ROSETTE.

Mais pour nous introduire, eſt-il quelque artifice?

CLIMENE.

Il ne nous faut qu'aller offrir à ſon ſeruice;
Et comme il a beſoin d'vn Page & d'vn Laquais,
Il nous acceptera, nous voyans ſi bien faits.

ROSETTE.

Hé qui nous ſeruira de Parent, ou de Pere,
Pour nous offrir?

CLIMENE.

Ie ſçais les moyens de le faire.

ROSETTE.

Nous entreprenons là des projets bien puiſſans,
Et ce ne ſont pas là, comme on dit, jeux d'enfans:

Mais auant que chez luy ie fisse mon entrée,
Me deuiez-vous vestir ainsi de sa liurée?

CLIMENE.

Les Pages, la pluspart, se presentent ainsi.

ROSETTE.

Et vous, comment entrer?

CLIMENE.

Laissez-m'en le soucy.

ROSETTE.

Mais vous mettre Laquais, quelle étrange disgrace!

CLIMENE.

Il n'est point en amour d'action qui soit basse.
Si pour estre Laquais i'applique tous mes soins,
C'est que dans cet estat on me connoistra moins;
Et la condition passant pour la derniere,
Aucun ne me croira mise en cette maniere.

ROSETTE.

Ie trouue ce dessein tellement surprenant,
Que ie m'imagine estre à Caresme-prenant,
Nous déguisant ainsi.

CLIMENE.

I'auouëray qu'estant Fille,
Ie ne croyois pas estre vn jour Porte-mandille,

Et que l'on me verroit dans vn habillement
Où la meschanceté loge ordinairement.

ROSETTE.

Oüy, car qui dit Laquais, c'est à dire vne graine
Plus maligne cent fois que la fievre quartaine:
Mais vn Page, Madame, est d'vne autre valeur.

CLIMENE.

Pour moy ie ne sçay pas qui des deux est meilleur.

ROSETTE.

Mais ne craignez vous point que nostre amy Moliere
Ne nous chapitre vn iour dessus cette matiere?
Et s'il vient à sçauoir nos petits incidens,
Qu'il ne nous mette pas en de fort beaux draps blans?
S'il apprend les emplois dont le Destin nous charge,
Il nous en donnera tout du long & du large.

CLIMENE.

Rosette, ne crains rien, quand mesme il sçauroit tout,
Ie ne le crois pas Homme à nous pousser à bout;
Et puis ne nommant point, sçait-on qui ce peut estre?

ROSETTE.

Il nous dépeint si bien, qu'il nous fait bien connestre;
Et le madré qu'il est, fait tant par son Esprit,
Que souuent le Rieur est celuy dont on rit.

CLIMENE.

Qu'importe....Mais icy l'on nous pouroit surprẽdre.
Allons tout de ce pas nous offrir à Tersandre.

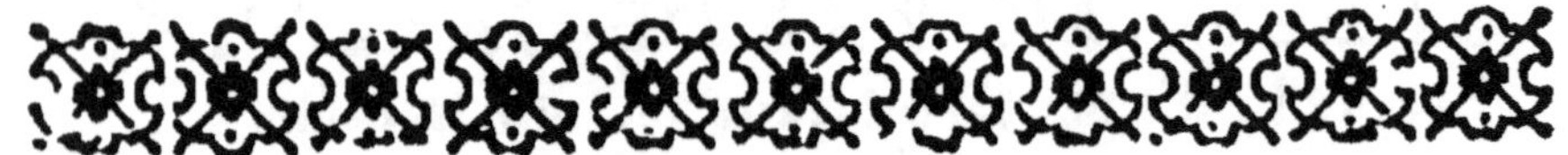

SCENE III.

CLARIMOND, RAGOTIN.

CLARIMOND.

Ragotin, est-il rien d'égal à mon malheur?
Ie n'y sçaurois songer, sans mourir de douleur.

RAGOTIN.

Vous seriez assez fou, d'abandonner la vie.
Pourquoy donc, s'il vous plaist?

CLARIMOND.

Tu connois bien Iulie,
Et sçais que cet objet qui fait ma passion,
Parut toûjours sensible à mon affection.

RAGOTIN.

Oüy, Monsieur, qu'en est-il?

CLARIMOND.

Apprens donc que son Pere,
Loin de m'estre propice, est à mes vœux contraire:
Le Pere de Tersandre, & luy, sont bons amis;
De sorte qu'en secret tous deux se sont promis

De marier vn jour Iulie auec Tersandre.
Que faire là-dessus?

RAGOTIN.

Il faut vous aller perdre.

CLARIMOND.

Est-il temps de railler en l'estat où ie suis?

RAGOTIN.

Ie ne vois que cela pour finir vos ennuis;
Car si dans vn moment tout ne vous est prospere,
La mort est justement en qui mon Maistre espere.

CLARIMOND.

Qui ne la chercheroit au poinct où me voila?

RAGOTIN.

Aidons-nous, comme on dit, le Ciel nous aidera;
Ie sçais de bonne part que ce Riual Tersandre
N'eust iamais pour Iulie en son ame aucun tendre,
Et ie vous puis de mesme asseurer aujourd'huy
Que Iulie en son cœur n'en a non plus pour luy;
Que bien loin qu'elle soit le sujet de sa peine,
Que ce Tersandre en tient pour certaine Climene,
Dont le Pere aussi-tost qu'il apprit leur amour,
La fit dans vn Conuent mettre par vn beau jour,
Pour l'oster promptement des yeux de ce Tersandre,
De crainte qu'il ne fist à son honneur esclandre.

Tersandre de cela se sentant enragé,
Fut contraint malgré luy de prendre son congé,
Et de s'en reuenir au logis de son Pere,
Qui veut auec Iulie acheuer leur affaire;
Mais Tersandre coëffé de ces autres amours,
Au lieu de se haster, veut reculer toûjours,
Attendant que le Ciel inspire dans son ame
Vn moyen pour rauoir le sujet de sa flame.
Donc puis que contre vous il ne s'auance rien,
Vous deuez cependant auancer vostre bien.
Voila ce que ie puis là-dessus vous apprendre.

CLARIMOND.

De qui sçais-tu cela?

RAGOTIN.

Du Valet de Tersandre,
De Guillot, en beuuant chopine auecque luy;
Il m'a tout découuert de son Maistre l'ennuy;
La maison de Iulie, & la sienne, & la nostre,
Estans vison visu, nous nous voyons l'vn l'autre;
Ses Suiuantes, Guillot, nous nous diuertissons;
En ce lieu bien souuent nous disons des Chansons;
Et comme nous sçauons assez bien la Musique,
Nous fismes hyer vn Air où nostre amour s'explique,
Que nous deuons chanter icy dans vn moment.
Ainsi ie sçauray tout indubitablement.

CLARIMOND.

Ie sçauray de tes soins aussi te satisfaire.

RAGOTIN.

Laissons les complimens, songeons à vostre affaire;

Tersandre se voyant par son Pere presser,
Pouroit bien contre vous quelque chose auancer?
Il vient icy, sortons.

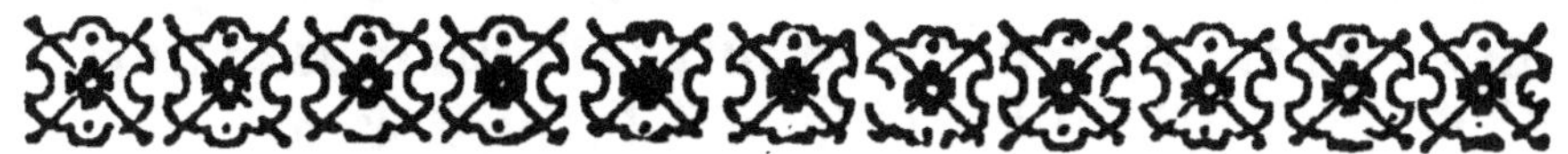

SCENE IV.

TERSANDRE. GVILLOT.

GVILLOT.

HE'bien, Monsieur mon Maistre,
Par vostre seule faute on nous enuoye paistre;
Vous auez tant fait voir vostre teste à l'éuent,
Qu'enfin vostre Climene est au fonds d'vn Conuent.
Ah ! si vous eussiez fait vostre amour en cachette,
Comme faisoit Guillot.....

TERSANDRE.

Mais quoy, la chose est faite.

GVILLOT.

Ce que ie trouue encor de fascheux en cela,
C'est que vostre Pater vous des-heritera,
S'il apprend vne fois que vostre amour vous lie
Auec vn autre objet que la belle Iulie.

TERSANDRE.

C'est là ce qui me force à me rendre chez luy:
Helas! que dois-je faire en ce pressant ennuy?

GVILLOT.

A Iulie il vous faut feindre fort bonne mine,
De peur que le Vieillard contre vous se mutine,
Entretenant si bien vostre autre amour sous main,
Qu'il ne vous puisse pas sevrer de son douzain.

TERSANDRE.

Mais, Guillot, quand reuoir mon aimable Climene?

GVILLOT.

Si vous eussiez voulu, nous serions moins en peine,
Vostre Climene encor seroit aupres de vous,
Au lieu qu'elle se voit dans la boëste aux cailloux;
Ioint qu'il est difficile, où son sort l'a sceu mettre,
De luy faire tenir le moindre mot de Lettre;
Car si l'on apperçoit en ce lieu vos couleurs,
On renuoyera vos gens auecque vos douceurs.

TERSANDRE.

Ie dois prẽdre vn Laquais vestu tel qu'il puisse estre,
Ie sçauray m'en seruir.

GVILLOT.

Sans vostre beau bissestre
Vous verriez vostre objet, & moy le mien aussi,
Et nous ne serions pas, Monsieur, où nous voicy.

TERSANDRE.

Quoy, tu faisois l'amour, seroit-il bien possible?

GVILLOT.

Pour n'estre qu'vn Valet, en suis-je moins sensible?
Hé ne sçauez-vous pas, aussi bien comme moy,
Qu'vn Berger n'est nõ plus exẽpt d'amour qu'vn Roy?
Si cette passion en vous s'est fait paraistre,
Ne puis-je pas aimer aussi bien que mon Maistre?
L'amour fut & sera; donc n'ayant point de bout,
Et ne voyant pas clair, il se foure par tout.
Or comme il est aueugle, & qu'il lance sa flame,
Vn Valet, cõme vn Maistre, en peut auoir dãs l'ame:
Si bien qu'estãs tous deux pleins d'vn brulãt trãsport,
Il est indubitable.... Oüy, nous aimons bien fort.

TERSANDRE.

Quand ie souffre, Guillot, laisse l'extrauagance.

GVILLOT.

Si vous souffrez, Monsieur, chacun a sa souffrance.

TERSANDRE.

Me tiendras-tu toûjours des discours d'insensez?

GVILLOT.

Hé ne nous moquons point, Monsieur, des opressez:
Dans toute ma folie au moins i'ay l'auantage,
Si l'amour me rend fou, de vous voir bien peu sage.

SCENE V.

TERSANDRE, GVILLOT, ROSETTE, & vn HOMME qui la vient presenter.

TERSANDRE.

QVe vois-je?

ROSETTE *montrant Tersandre à l'Homme qui la vient presenter.*

Le voila.

L'HOMME.

I'allois chez vous, Monsieur,
Auecque le dessein de me donner l'honneur
D'aller vous saluer, & vous rendant hommage,
Vous prier d'accepter mon Fils pour vostre Page.

TERSANDRE.

Monsieur, ie le reçois, & vous suis obligé.

GVILLOT.

Ne vous voila pas mal de vous voir empagé.

L'HOMME.

Sans l'heur d'estre connu de Monsieur vostre Pere,
Ie n'eusse osé iamais vn tel present vous faire:
Mais comme il eust toûjours pour moy grãde bonté,
Ce present dés long-temps vous fut premedité.
De peur que dans ce lieu ie ne vous embarasse,
I'iray de vos bontez chez vous vous rendre grace:
Monsieur, ie crains icy de vous importuner.

TERSANDRE.

Adieu, Monsieur.

GVILLOT *au Page.*

Enfin on vient de vous donner.

ROSETTE.

Oüy, Monsieur, & de plus moy-mesme ie me donne.

GVILLOT.

Page, n'auez-vous point l'humeur vn peu friponne?
Car ordinairement Messieurs les Culs d'oignons,
Tant qu'ils ont cet habit, sont de bons compagnons.

TERSANDRE.

Si tu raisonnes plus, ie joüeray de la cane.

GVILLOT *au Page.*

Soufflez-vous bien des pois auec la Sarbatane?

ROSETTE.

Ie ne ſçay ce que c'eſt.

TERSANDRE.

Vous tairez-vous, Guillot?

GVILLOT.

Ne vous plaiſez vous point à prendre du piot?
Mais qui vient m'aborder?

CLIMENE *à Guillot.*

Monſieur, daignez m'apprendre,
S'il vous plaiſt, le logis où demeure Terſandre.

GVILLOT.

Le voila deuant vous en propre original;
Vous luy pouuez parler, il eſt doux animal;
Moy ſon Hõme de Chambre, & vous voyez ſon Page,
C'eſt tout ce que i'en ſçais, cherchez-en dauantage.

CLIMENE.

Monſieur, ayant appris qu'il vous faut vn Laquais,
Et que de vous ſeruir ie fais tous mes ſouhaits,
Ie viens vous ſupplier d'accepter mon ſeruice,

TERSANDRE.

Qu'il eſt joly! Guillot.

GVILLOT.

Il n'est pas sans malice.

TERSANDRE.

Voy-tu qu'il a de l'air de qui sçay me rauir?
Ce sujet là tout seul m'oblige à m'en seruir.

GVILLOT.

Si c'estoit la Beauté qui vous tient en ceruelle,
A ce que ie puis voir, vous vous seruiriez d'elle.
Auez-vous répondant?

CLIMENE.

Oüyda, Monsieur, fort bon.

TERSANDRE.

N'as-tu pas demeuré dans quelqu'autre maison?

CLIMENE.

Oüy, Monsieur, i'ay déja seruy chez vne Dame.

GVILLOT.

C'est vn commencement pour estre bonne lame;
Et cette Dame estoit quelqu'vne de nos Sœurs,
Qui pour gagner sa vie, accordoit des douceurs,

CLIMENE.

Ie suis Laquais d'hõneur, Monsieur, ie vous proteste,
Et vous luy faites tort.

GVILLOT.

Bonne petite peste,
Que vous a-t'elle fait pour la quitter enfin?

CLIMENE.

C'est que i'auois du mal comme vn petit Lutin
A froter tous les jours les planchers de nos Chãbres:
Si bien qu'on exerçoit en ce lieu tous mes membres;
Et ce qui me faisoit encore plus pester,
I'auois incessamment vne queuë à porter,
D'abord qu'elle sortoit. Si iamais ie sers Dame....

GVILLOT.

Vous aimez mieux seruir vn Hõme qu'vne Femme.

CLIMENE.

Vn Homme asseurément sera bien mieux mon fait.

GVILLOT.

Ie vous croy tres-subtil à porter vn Poulet;
Car vous auez la mine, ou ie veux qu'on me berce,
D'estre fort bien stilé dans l'amoureux Commerce.

TERSANDRE.

Laisse-le là, Guillot, tu fais trop le badin.
à Climene. Comment t'appelle-t'on?

CLIMENE.

Monsieur, c'est Calotin,
Pour vous seruir.

TERSANDRE.

Demeure.

GVILLOT.

Ah! petite Calotte,
Si vous ne seruez bien, ie sçais bien cõme on frotte.

TERSANDRE.

De quel païs es-tu?

CLIMENE.

Ie suis Perigourdin.

TERSANDRE.

Tu marche donc fort bien.

CLIMENE.

Ie fais bien du chemin;
Lors qu'il en est besoin, ie vay comme vn Tonnerre.

GVILLOT.

Mais peut-estre auez-vous du Diable vn caractere.

CLIMENE.

Ie suis vn éueillé qui va bien sans cela.

GVILLOT.

Il a la mine d'estre vn petit *Maxima*.

TERSANDRE.

Chanteras-tu toûjours à tout le monde injure?

GVILLOT.

Est-ce l'injurier, que l'appeller Mercure?
Et pour luy n'est-ce pas vn titre glorieux,
Que le nommer du nom du Messager des Dieux?

TERSANDRE.

Page, & vous Calotin, il le faut laisser dire,
C'est vne humeur gaillarde.

GVILLOT.

Il est vray, i'aime à rire.

TERSANDRE.

Calotin, sçais-tu bien le Fauxbourg saint Germain?

CALOTIN.

Oüy, Monsieur.

TERSANDRE.

Viens donc prendre vn Billet de ma main,
Et puis tu t'en iras aux Filles de Lorraine,
Où tu demanderas à parler à Climene;
Et si quelqu'vn de lá, par de fins entretiens,
Te venoit demander de quelle part tu viens,
Tu luy diras que c'est de la part de son Pere.

CLIMENE.

Ie suis assez instruit, Monsieur, laissez-moy faire;
D'abord que vous m'aurez donné vostre Billet,
Dites, Climene l'a, car c'est autant de fait.

TERSANDRE.

Mais il faut, s'il se peut, en auoir la réponse.

CLIMENE.

Si ie ne l'ay, Monsieur, à seruir ie renonce.

GVILLOT.

A ce que ie puis voir, ce n'est pas le premier.
Ah! que le petit traistre est Grec en ce mestier!

TERSANDRE.

Viens prendre ce Billet, Calotin; & vous, Page,
Suiuez-moy pour aller autre-part en message.
Pour Guillot, il n'aura qu'à m'attendre en ce lieu,

GVILLOT.

Vous me faites plaisir, & de bon cœur adieu.
seul. Depuis que ie me trouue éloigné de Rosette,
Ie commence déja d'en tenir pour Lisette;
Et puis que cet objet à mes yeux est present,
Ie le veux par ma foy preferer à l'absent:
Aussi bien voicy l'heure à peu pres, ce me semble,
Que nous deuons icy nous rencontrer ensemble,
Pour chanter la Chanson composée entre nous.
Ah! bon, bon, les voicy, ie les voy venir tous.
Ragotin, Beatrix, & toy belle Lisette,
Cà, taschons d'exceller dans nostre Chansonnette:
Mais si vous m'en croyez, pour mieux nous accorder,
Auant que commencer, il nous faut préluder.

LISETTE.

Guillot dit vray, car c'est l'ordinaire habitude
De déburer toûjours par quelque beau prélude.

CHANSON.

GVILLOT.

Ie n'aime rien tant que Lisette;

RAGOTIN.

Ny moy, rien tant que Beatrix.

LISETTE.

Ragot est ce que ie souhaite;

BEATRIX.

Et Guillot rend mon cœur épris.

Tous ensemble.

Puis que l'amour tous quatre ensemble
Nous rend l'vn pour l'autre de feu:
Si iamais l'hymen nous assemble,
Ie croy que nous verrons beau jeu.

LISETTE.

Le bonheur ne sera pas moindre

BEATRIX.

Que celuy des Dieux & des Rois,

GVILLOT.

Alors que nous pourrons nous joindre

RAGOTIN.

De nos corps comme de nos voix.

Tous ensemble.

Ah! quel plaisir! ah! quel delice!
Quel extréme contentement!
Si le Sort quelque jour propice
Nous joint copulatiuement.

RAGOTIN.

Hé bien, que dites-vous d'vne telle Musique?

GVILLOT.

Patetique, morbleu, du dernier patetique.

LISETTE.

Il eſt vray que cet Air eſt tout à fait touchant.

GVILLOT.

Liſette, que pour toy ie me ſens de penchant!

BEATRIX.

Adieu, ſeparons nous, de peur qu'on ne nous crie.

RAGOTIN.

Beatrix, feras-tu venir icy Iulie?

BEATRIX.

Oüy, ie te le promets.

RAGOTIN.

Bon; cependant, Guillot,
Allons au Cabaret prendre vn doigt de piot.

GVILLOT.

C'eſt fort bien auiſé.

SCENE VI.

CLIMENE seule.

CHacun d'eux se retire,
Voyons ce que Tersandre icy daigne m'écrire.

LETTRE DE TERSANDRE A CLIMENE,

ADorable Climene, depuis que mon malheureux destin m'a separé de vostre charmante personne, il faut que ie vous auoüe que ie suis tellement accablé de tristesse, que rien au monde ne m'en sçauroit tirer que vostre aimable presence : Et en verité, si ie n'auois une esperance tout à fait grande de vous reuoir bien-tost, il n'est point de moment que ie ne m'abandonnasse au desespoir : Mais ce qui me console vn peu dans mon affliction, c'est que ie suis certain d'estre aimé parfaitement, & que vous ne changerez iamais. Aussi, belle Climene, vous pouuez vous asseurer que si vous estes toute de constance pour moy, que ie suis tout de fidelité pour vous. Adieu, ie vous prie que ma Lettre vous serue de consolation, & de me daigner faire la grace de m'en enuoyer la réponse par le mesme petit Laquais. C'est ce qu'attend auec impatience celuy qui ne sera iamais qu'à vous, TERSANDRE.

Apres l'extréme amour qu'il me prouue aujourd'huy.
Ie n'ay point de sujet de me plaindre de luy:
Allons à son Billet faire nostre réponse;
Pour Monsieur le Conuent, à iamais i'y renonce.

Fin du second Acte.

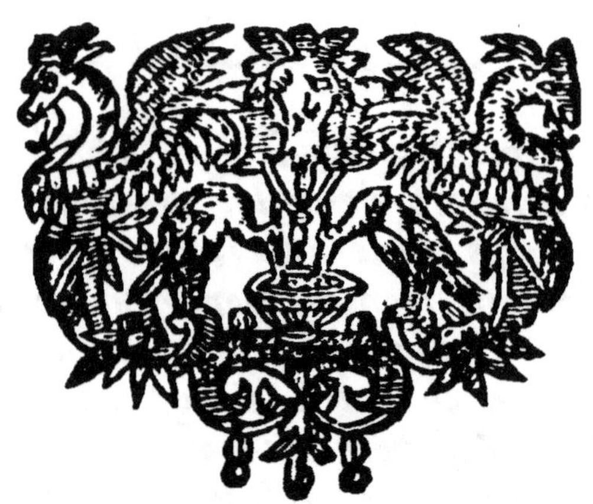

ACTE III.

SCENE PREMIERE.

GORGIBVS, POLICARPE, ſortant de chez eux.

POLICARPE.

BON jour, ſieur Gorgibus, i'allois chez vous me rendre,
Pour nous entretenir de Iulie & Terſandre,
Ainſi que nous l'auions tantoſt premedité.

GORGIBVS.

Policarpe, ie rens grace à voſtre bonté,
De ce que ie vous voy zelé dans cette affaire;
Et ce m'eſt vn honneur tout extraordinaire,
De voir dans peu de temps voſtre Fille & mon Fils,
Par le doux nœud d'Hymen enſemble bien vnis.
Ie ſçay que Clarimond, de valeur infinie,
En mariage auſſi voudroit auoir Iulie;
Mais vous voyant à luy Terſandre preferer,
Nous ne pouuons tous deux trop vous conſiderer.

POLICARPE.

Clarimont y pouroit asseurément pretendre;
Mais, Gorgibus, ma Fille est promise à Tersandre,
Et nous n'aurons iamais nulle difficulté
En cette affaire cy, que de vostre costé.

GORGIBVS.

Pour moy, ie ne croy pas que rien y mette obst acle,
Si le Ciel ne l'y met par vn soudain miracle:
Mais entrons pour vn peu nous en entretenir,
Puis apres nous viendrons icy nous diuertir.
Quelques gens de chez moy, par certaine saillie,
Doiuent icy danser vne galanterie;
Et comme ils m'ont prié d'en estre spectateur,
Vous les obligerez d'en estre aussi, Monsieur.

POLICARPE.

Ie le veux bien, entrons.

GORGIBVS.

Apres, si bon vous semble,
Vous me ferez l'hõneur que nous soupions ensemble.

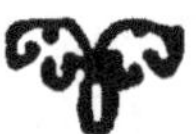

SCENE II.

CLARIMOND, RAGOTIN.

CLARIMOND.

IVlie asseurément doit venir en ce lieu.

RAGOTIN.

Oüy, vous allez l'y voir, & deuant qui soit peu,
Beatrix me l'a dit comme vne chose seure.
Mais la voicy déja.

SCENE III.

CLARIMOND, IVLIE, RAGOTIN.

CLARIMOND.

LA charmante auanture !
Quoy, ie vous voy, Iulie? Ah! que ie suis heureux!

RAGOTIN.

Pourquoy ne la pas voir, si vous auez des yeux,

Puis que cette Beauté se montre à vostre veuë?
Si vous ne la voyez, vous auriez la berluë.

CLARIMOND.

Cesse de bousonner. Ah! que mon sort est doux,
De me pouuoir trouuer vn moment pres de vous!
Car de tous les plaisirs, s'il en est vn supréme,
C'est celuy de se voir aupres de ce qu'on aime.

RAGOTIN.

Mon Maistre, Beatrix, a raison, par ma foy:
Mon plaisir le plus grand est d'estre aupres de toy;
Et dés que ie ne puis enuisager ta face,
Le pauure Ragotin tout aussi-tost trépasse.

IVLIE.

Vous voir asseurément fait mon vnique bien:
Mais, Clarimond, que faire où nous ne pouuōs rien?
Et quand mon Pere veut que i'épouse Tersandre,
Ie ne voy pas comment ie pourray m'en defendre.

CLARIMOND.

Si i'apprens cet Hymen, ie mourray de regret.

RAGOTIN.

Pour finir vostre mal, c'est vn fort beau secret:
Mais vous aimant tous deux d'vne amitié parfaite,
Que ne l'enleuez-vous? ce seroit chose faite.

CLARIMOND.

Dans vn si grand malheur, helas! que ferons-nous?

IVLIE.

Que ne m'est-il permis de me donner à vous?
Mais comme mon deuoir m'empesche de le faire,
Et que ie ne le puis, sans déplaire à mon Pere,
Apprenez, Clarimond, que tant que ie pourray
Eloigner ce malheur, qu'enfin ie le feray;
Et qu'il ne sera point au monde d'artifice,
Que ie n'employe, afin de vous estre propice.

CLARIMOND.

Apres vn tel aueu, ie m'en vay trop heureux:
Mais vous pourray-je voir encore dans ces lieux?

IVLIE.

Oüy, ie vous le promets : Adieu, voicy Tersandre.

CLARIMOND *bas*.

Taschons, sans estre veu, de les pouuoir entendre.

IVLIE *bas*.

Si mon Pere sçauoit que i'eusse vn autre Amant
Que Tersandre, il feroit la chose en ce moment:
Feignons donc de l'aimer, pour reculer l'affaire;
Peut-estre que le Ciel me deuiendra prospere.

SCENE IV.

TERSANDRE, IVLIE, BEATRIX, LISETTE, GVILLOT, LE PAGE.

à part. TERSANDRE.

FEignons, belle Iulie, est-il rien de si doux
Que les brillans attraits qu'on apperçoit en vous?

CLIMENE *du coin du Theatre.*

Le traistre!

IVLIE.

Le moyen de se pouuoir dédire,
Aussi-tost qu'on vous voit, d'estre sous vostre empire?

CLARIMOND *du coin du Theatre.*

Qu'entens-je? l'infidele!

TERSANDRE.

Alors que ie vous vis,
De vos rares appas mes sens furent rauis:
I'eus pour vous dãs mõ cœur d'amoureuses alarmes,
Et ne pûs resister à vos merueilleux charmes.
Oüy, vous fustes d'abord mon adoration.

GVILLOT.

Ie pense, par ma foy, qu'il l'aime tout de bon;

Et pour peu que la Dame en paroisse amoureuse,
Il oublira bien-tost nostre Religieuse.

TERSANDRE.

Daignerez-vous m'aimer?

IVLIE.

Vous voyant tout de feu,
Si ie n'aime, du moins ie croy qu'il s'en faut peu.

GVILLOT.

D'vn & d'autre costé le feu prend à la mesche,
Et sans doute l'amour dans leur cœur a fait bresche.

CLIMENE *bas à Rosette.*

Le perfide! l'ingrat! qu'ay-je fait? juste Ciel!

ROSETTE.

Il vous faut aualer cela doux comme miel.

IVLIE.

Mais vous auez acquis vn nouuel heritage.

TERSANDRE.

Oüy, ie me suis chargé d'vn Laquais & d'vn Page.

IVLIE.

MonDieu, qu'ils sõt jolis! qu'ils me plaisẽt tousdeux!

ROSETTE.

Madame, asseurément nous sommes trop heureux,
D'auoir acquis si-tost le bonheur de vous plaire.

CLIMENE.

Que ie te plaise, ou non, mais tu ne me plaist guere:
Nous sommes obligez par trop à vos bontez.

IVLIE.

Voyez qu'ils sont tous deux pleins de ciuilitez.

GVILLOT.

On vante les vertus du Laquais & du Page,
Mais pour l'Hõme de Chãbre on n'é dit rien, i'entrage,

TERSANDRE.

Calotin, as-tu fait ce que ie t'auois dit?

CLIMENE.

Oüy, Monsieur, ie l'ay fait auec beaucoup d'esprit;
Et i'ay sur moy dequoy vous faire bien connaistre
Que tres-fidelement ie sçay seruir mon Maistre.

IVLIE.

Voyez qu'il est adroit, qu'il répond à propos!

CLIMENE.

Ie suis, quoy que petit, des Laquais le Héros,

Et ie puis me vanter qu'il n'en est point en France
De plus discret que moy, plus remply de prudence:
Ie sçais écrire & lire à la perfection,
Ie suis vaillant, adroit, & plus fier qu'vn Lion;
Si ie portois l'épée, on m'en verroit defendre
Auec autant d'adresse & de cœur qu'Alexandre:
Dans les Salles aussi l'on me voit triompher,
Le fleuret à la main, & ie bat bien le fer;
I'en donne, i'en reçoy; mais en faisant retraite,
Ie ne manque iamais à la botte secrette;
Quoy qu'on ait defendu les armes aux Laquais,
En cachette i'ay fait de bons coups au Marais.

GVILLOT.

C'est Roland le cadet.

IVLIE.

Ie l'aime, estant si drole.

TERSANDRE.

Il est aimable aussi.

LISETTE.

Par ma foy, i'en suis fole.

GVILLOT.

Vous l'aimez, bonne piece, & par quelle raison?

LISETTE.

C'est qu'il a de l'esprit, & qu'il est beau Garçon.

GVILLOT *à Beatrix.*

Et vous, n'aimez-vous point aussi Monsieur le Page?

BEATRIX.

Pourquoy ne l'aimer pas? il est bien fait, bien sage.

RAGOTIN.

Carogne.

GVILLOT.

Puis que d'eux vous faites vos mignons,
Et Ragotin, & moy, nous les ajusterons.
Sçachez que vostre amour leur deuiendra funeste.

LISETTE.

Ils n'ont que trop dequoy vous donner vostre reste.

IVLIE *à Guillot, & aux Suiuantes.*

Demeurez bons amis.

TERSANDRE.

Soyez sage, Guillot.

GVILLOT.

Qu'elles le soient aussi, car ie ne suis pas sot.

IVLIE.

Malgré moy, cher Tersãdre, il faut que ie vous quitte:
Adieu jusqu'à tantost.

TERSANDRE.

à Calotin. Adieu, rare merite.
Allons viste chez moy pour lire mon Billet.

CLIMENE.

Détalons promptement, Mōsieur, c'est fort bien fait.

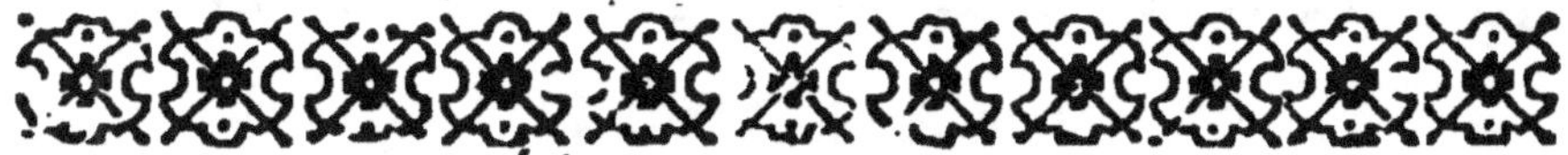

SCENE V.

CLARIMOND, IVLIE, RAGOTIN, BEATRIX, LISETTE.

CLARIMOND *à Iulie.*

Est-ce là cet amour, est-ce là la tendresse,
Ingrate, dōt tantost vous m'auiez fait promesse?

RAGOTIN.

Apprenez que promettre & que tenir sont deux:
Comment le pourroit-elle, ayant tant d'amoureux?
à Beat. Ievous en dois aussi. Vous aimez dōc le Page?

IVLIE.

D'où vous vient ce chagrin, Clarimond?

CLARIMOND.

Ah! volage,
Apres cé que i'ay veu...,

IVLIE.

Qu'auez-vous donc pû voir?

CLARIMOND.

Que vous aimez Teisandre, & c'est mon desespoir.

IVLIE.

Moy i'aimerois Tersandre! ô Dieux! l'injuste blâme.

CLARIMOND.

Ah! que vous sçauez bien déguiser vostre flâme!

RAGOTIN.

Mais puis que toutes deux elles nous font faux-bon,
Plantons les là, Monsieur, sans aucune façon.

IVLIE.

Hé bien, puis qu'il vous plaist que ie sois inconstante,
Vostre ame sur ce poinct se trouuera contente:
Ie vous aimois, cruel, mais vous voyant jaloux,
Vous serez desormais l'objet de mon couroux:
Si mon amour pour vous s'estoit moins fait parestre,
Ie demeure d'accord que vous le pouriez estre;
Mais, ingrat, vous estiez trop certain de mon cœur,
Pour m'oser soupçonner d'vne telle rigueur:
Apprenez que iamais ie ne fus infidelle.
Adieu, perfide Amant.

CLARIMOND.

Ah! charmante cruelle,
Demeurez vn moment.

RAGOTIN.

Que vous auez de soin!
Monsieur, sur ma parole, elle n'ira pas loin.

IVLIE.

Vostre ame d'vn seul mot se trouueroit confuse:
Mais vous ne valez pas que ie vous desabuse.

RAGOTIN.

L'ay-je dit?

CLARIMOND.

C'est vn crime, aimant, d'estre jaloux,
Mais nous ne sommes pas toûjours maistres de nous;
Et s'il m'estoit permis d'en croire l'apparence,
Ie vous pourois blâmer d'auoir de l'inconstance.
Daignez donc m'excuser, si ie suis alarmé,
On craint toûjours de perdre vn objet bien aimé:
Et ne sçauez-vous pas, trop aimable Iulie,
Que l'amour rarement se voit sans jalousie.

IVLIE.

Cessez donc de Tersandre enfin d'estre jaloux;
Si ie reçois ses vœux, c'est pour mieux estre à vous.

RAGOTIN.

Elle vous fera voir, estant si bien disante,
Que vous auez grand tort de la croire inconstante.
à Beat. Mais tu n'en seras pas quitte à si bon marché,

CLARIMOND.

Ah! que de mon soupçon ie me trouue fasché;
Ie voudrois estre mort.

IVLIE.

Cessez vostre martyre,
Ie vais songer à vous; adieu, ie me retire,
Ie crains qu'on ne me voye auec vous en ce lieu.

CLARIMOND.

Que ie vous voye au moins dans peu de temps, adieu.
Ragotin, reste icy pour voir ce qui se passe.

SCENE VI.

RAGOTIN, BEATRIX.

RAGOTIN *arrestant Beatrix.*

DEmeurez vn moment, que l'on vous voye en face;
Pouuez-vous sans rougir me regarder au front,
Lors que vous m'auez fait vn si sensible affront?

BEATRIX.

Hé qu'ay-je donc tant fait?

RAGOTIN.

Rien, bonne beste bleuë,
Il vous faut donc toûjours vn Page à vostre queuë?

BEATRIX.

Qui moy, ie l'aimerois? i'aurois l'esprit bien fou.

RAGOTIN.

C'est donc ne l'aimer pas, que luy sauter au cou?
Allez, allez chercher vostre Chausse troussée,
Et n'esperez iamais d'estre dans ma pensée.

BEATRIX.

Pour nous galantiser, est-ce auoir mal vescu?

RAGOTIN.

Non, il falloit me faire à ma barbe cocu:
Et ne sçauez-vous pas, ô trop meschante peste,
Que ces approches là font venir tout le reste;
Et que si ce n'estoit la frequentation,
Que l'on seroit exempt de la tentation?

BEATRIX.

Que sçay-je?

SCENE VII.

LISETTE, GVILLOT.

LISETTE.

Beatrix, Madame te demande,
Il faut que ta personne aupres d'elle se rende.

BEATRIX.

Adieu, beau Controlleur.

Guillot entre. LISETTE.

Ne vois-je pas Guillot?

GVILLOT.

Oüy, oüy, vous le voyez, visage de Magot,
Qui vous viens reprocher, Madame la Marmote,
Que vostre amour n'est plus que pour vne Calotte.
Ah! que vous deuiez bien maudir vostre destin,
Lors qu'il vous sceut enger de Monsieur Calotin!
Tous ceux qui vous verront, vont prendre la routine
De ne vous nommer plus que Dame Calotine.

LISETTE.

Voyez, fais-je du mal en tout ce que ie fais?
N'oseroit-on causer?

GVILLOT.

Ah ! reste de Laquais,
Ma reputation va deuenir bien sotte,
Si vous continuez d'aimer vostre Calote:
Mais ie sçauray si bien.....

LISETTE.

Guillot est vn grand fou.

GVILLOT.

Allez Calotiner tout vostre chien de fou.

LISETTE.

Adieu, maistre badin, le plus grand des yurognes.

RAGOTIN.

Ah! voicy ces Messieurs qui causent nos vergognes.

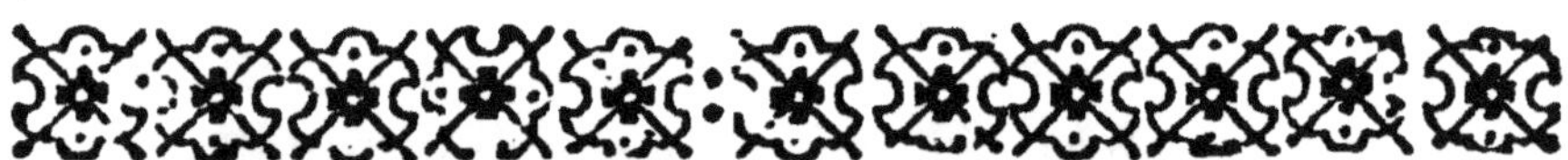

SCENE VIII.

CLIMENE, ROSETTE, GVILLOT, RAGOTIN.

GVILLOT.

Dieu vous gard les beaux Fils qu'on doit cõsiderer,
Et qui de nos objets nous pretendez sevrer:
Ah ! petit Laqueton, auez-vous bien l'audace,
Apres m'auoir déplû, de m'oser voir en face?

RAGOTIN.

Et vous, Page effronté, dites par vostre foy,
Osez-vous bien aussi vous montrer deuant moy,
Apres auoir voulu suborner ma Maistresse?
Hé ne craignez vous point que ma main ne vous fesse?

GVILLOT *au Laquais.*

Et lors que vous m'osez faire vostre joüet,
N'apprehendez-vous point d'auoir aussi le foüet?
Qu'en bonne compagnie, ô trop maligne beste,
Ie ne vous fasse voir le derriere nud teste?

ROSETTE.

Apprenez, s'il vous plaist, Monseigneur Ragotin,
Qui m'osez menacer du foüet de vostre main,
Que si de vous frotter ie me mets en posture,
Que ie vous donneray bien de la tablature.

CLIMENE.

Sçachez que si i'auois vne épée au costé,
Vous renguaisneriez bien vostre temerité;
Car qui dit Calotin, dit Garçon de courage.

GVILLOT.

S'il auoit son épée, il feroit du carnage.

CLIMENE.

Oüy, oüy, i'en pourrois faire; & si dans ce lieu-cy
Vous voulez vous trouuer, vous m'y verrez aussi:
Si i'auois ce qu'il faut, sans prẽdre vn plus lõg terme,
Vous verriez que ie sçay me battre de pied ferme.

GVILLOT.

La peste le rude Homme, ha qu'il est dangereux

CLIMENE.

Ie ne suis guere grand, mais ie suis vigoureux;
Estant au lieu d'honneur, ie suis toûjours alerte
Et si Guillot y vient, il est seur de sa perte.

GVILLOT.

N'estes-vous point le Fils de Mars, ou de Samson?

CLIMENE.

Je suis ce que ie suis, mais fort joly Garçon.
Demandez à Picard, Champagne, la Violette,
Si ie sçais allonger vne estocade nette:
Ainsi vous ferez mieux de ne raisonner plus.

SCENE IX.

CLIMENE, ROSETTE, GVILLOT, RAGOTIN, BONIFACE.

BONIFACE à *Guillot*.

APprenez-moy, de grace, où loge Gorgibus.

CLIMENE.

Mon Pere, icy.

GVILLOT.

Voila le lieu de sa demeure;
Mais n'allez pas plus loin, il vient à la bonne heure.

SCENE X.

BONIFACE, POLICARPE, GORGIBVS, CLIMENE, ROS. GVIL. RAG. BEAT.

BONIFACE.

QVoy que ie ne sois pas connu de vous, Monsieur,
Ie me viés plaindre à vous du plus pressát malheur
Qui se soit iamais veu dedans vne famille.

GORGIBVS.

Quel malheur!

BONIFACE.

Vostre Fils a suborné ma Fille;
Il a, malgré mes soins, trouué l'inuention
De la tirer dehors d'vne Religion,
Où pour fuir ce malheur i'auois sceu la reduire.

GVILLOT.

Pour auoir fait ce trait, il est assez bon Sire,
C'est vn rusé Maneuure en matiere d'amour.

GORGIBVS.

Monsieur, soyez certain que s'il a fait ce tour,
Ou que de sa sortie il puisse estre la cause,
Que pour vos interests ie feray toute chose.

BONIFACE.

Helas! pour mon malheur il n'est que trop certain.

CLIMENE.

Tout est perdu.

GORGIBVS.

Cherchez Tersandre, Calotin.

CLIMENE.

Il n'en est pas besoin, il vient icy se rendre.

SCENE XI.

TERSANDRE, GORGIBVS, BONIFACE, POLICARPE, CLIMENE, GVILLOT, RAGOTIN, ROSETTE.

TERSANDRE.

Le Pere de Climene icy, d'où vient?

GORGIBVS.

Tersandre,

Connoissez-vous Monsieur?

TERSANDRE.

Oüy, ie le connois bien,

Monsieur.

GVILLOT.

Ma foy pour vous tout cela ne vaut rien.

GORGIBVS.

De la Religion où sa Fille estoit mise,
Traistre, la deuiez-vous enleuer par surprise?

TERSANDRE.

Moy, Monsieur, apprenez qu'alors qu'on vous l'a dit,
On a voulu sans doute alarmer vostre esprit;
Et ie puis vous jurer....

GORGIBVS.

Arreste, arreste, infame.

BONIFACE.

Faut-il que mon honneur en tous lieux se difame?

GORGIBUS.

Cessez sur ce sujet de prendre aucun ennuy,
Vous serez pleinement satisfait aujourd'huy;
Si pour luy du Conuent vostre Fille est sortie,
Ie consens qu'à present tous deux on les marie.

BONIFACE.

On ne peut rien de plus.

CLIMENE.

Cela ne va pas mal.

ROSETTE.

Ce n'est pas encor là l'endroit le plus fatal.

GORGIBUS.

Mais Policarpe à qui i'ay donné ma parole....

POLICARPE.

Dans vn tel contretemps la parole est friuole:
Vous ne vous deuez pas contraindre sur ce poinct,
Puis qu'enfin Clarimond ne me manquera point,

GORGIBUS.

Que de bonté!

TERSANDRE.

Daignez ne m'estre pas contraire,
Montrez pour vostre Fils encor vn cœur de Pere.

GORGIBVS.

Oüy, cruel, ie le montre, & i'y suis obligé.

TERSANDRE.

De Policarpe enfin vous voyant dégagé,
Et Boniface estant d'vne égale Famille,
Permettez que i'épouse vne si digne Fille.

GORGIBVS *à Boniface.*

Monsieur, le voulez-vous?

BONIFACE.

Ie suis trop satisfait:
Mais de Climene enfin dites qu'auez-vous fait?
Où peut-elle à present par vostre ordre estre mise?

GVILLOT.

Vous auez, ce me semble, vn peu l'ame surprise.

TERSANDRE.

Monsieur, asseurément c'est vne vision,
De croire qu'elle soit hors de Religion,
Voyant que Calotin en ses mains a sceu mettre
Aujourd'huy de ma part encor vn mot de Lettre.
Comment pretendez-vous accorder tout cecy?

BONIFACE.

S'il n'estoit vray, Monsieur, me verroit-on icy?

GVILLOT.

Monsieur, répondez donc?

TERSANDRE.

Ciel! que ie suis en peine!

BONIFACE.

Quoy, vous ne sçauez pas où peut estre Climene?

TERSANDRE.

S'en seroit-elle allée? Approchez, Calotin,
N'auez-vous pas donné mon Billet ce matin
En main propre à Climene?

CLIMENE.

Oüy, Monsieur, que ie pense.

GVILLOT.

Ie crains bien en cecy beaucoup de manigance.

TERSANDRE.

Comment que vous pensez, qui vous fait hesiter?

CLIMENE *à son Pere.*

Daignez la pardonner, ie vais tout vous conter?

BONIFACE.

Oüy, oüy, ie luy pardonne, oste nous donc de peine.

CLIMENE.

Sçachez que Calotin n'est autre que Climene:
Ie sçais que vous pourrez me blâmer en ce jour;
Mais que ne fait-on point quand on a de l'amour?
La crainte que i'auois qu'on maria Tersandre,
M'a fait, pour l'empescher, toute chose entreprendre.
Ainsi...

TERSANDRE.

C'est vous, Climene, ah! que ie suis heureux!

GORGIBVS.

Il nous faut dés demain les marier tous deux.

POLICARPE.

Ragotin, fais venir & Iulie, & ton Maistre.

RAGOTIN.

Toute à l'heure, Monsieur, vous les verrez paraistre.

GVILLOT.

Mais Madame Climene, ou Monsieur Calotin,
Rosette...

CLIMENE.

Elle est en Page.

GVILLOT.

Ah! Page feminin,

Tous ceux qui sont icy, te voyans en parade,
voudroient bien auoir ie croy pour Camarade;
Mais Rosette t'aimant, tu dois estre le mien.

ROSETTE.

Oüy, Guillot, sois certain que mõ cœur est tout tien.

SCENE DERNIERE.

RAGOTIN *amenant Clarimond & Iulie.*

Monsieur, voila déja Clarimond & Iulie.

CLARIMOND *à Policarpe.*

Monsieur, que de bonté!

POLICARPE.

Demain l'Hymen vous lie.

GORGIBVS.

Mais auant que d'aller l'vn l'autre les vnir,
Si les Danseurs sont prests, qu'on les fasse venir.

Il se danse vn Balet.

FIN.

www.ingramcontent.com/pod-product-compliance
Lightning Source LLC
LaVergne TN
LVHW010618110826
845149LV00003B/967

* 9 7 8 2 0 1 9 1 9 7 9 7 1 *